꿀벌은 너무 바빠요

꿀벌은 너무 바빠요

펴낸날 2019년 6월 3일 1판 1쇄
펴낸이 강진균
편집·디자인 편집부
마케팅 변상섭
제작 강현배

펴낸곳 삼성당
주소 서울시 강남구 선릉로 747 삼성당빌딩 9층
대표 전화 (02)3443-2681 **팩스** (02)3443-2683
출판등록 1968년 10월 1일 제2-187호
ISBN 978-89-14-02012-3 (73810)

본 저작물은 저작권법에 따라 보호를 받는 책이므로 무단 전재와 무단 복제를 금합니다.
※ 파본은 바꾸어 드립니다.

차례

꿀벌 이야기
꿀벌은 너무 바빠요 ···6

곤충의 의태 이야기
곤충들의 위장술 ···38

집에 돌아온 꿀벌은 가족에게
꽃이 있는 곳을 알려 주려고 춤을 추었어요.
꽃이 가까이 있을 때는 빙빙 돌면서 동그라미 춤을 추고,
꽃이 먼 곳에 있을 때는 8자 모양으로 실룩샐룩 궁둥이 춤을 추지요.

꿀벌 이야기
꿀벌은 너무 바빠요

글 김종일 그림 이지현

따뜻한 봄날 햇살이 반짝였고,
바람도 솔솔 불어왔어요.
길가에 꽃들은 활짝 피었고,
어디선가 향기로운 꽃향기도 풍겨 왔어요.

벌의 군집생활

벌은 군집 생활을 하는데 여기서 여왕벌, 수벌, 일벌로 계급이 나뉘며, 그에 따라 각각 하는 일도 다르답니다. 우리가 흔히 보는 일벌은 몸길이가 12~14mm로 그중 가장 작은 몸을 갖고 있어요.

붕붕붕
꽃향기를 맡으며 날아다니던 꿀벌은
꽃가루가 가득한 꽃을 발견했어요.
그리고 꽃 속에 내려앉아
가느다란 주둥이를 집어넣고
꿀을 호로록 빨았어요.

잘 발달한 큰 턱

빨기에 최적화된 혀

자세히 보면
꿀을 빨고 있는 혀를 볼 수 있는데, 꿀벌의 주둥이는 씹는 역할을 하는 큰 턱이 좌우에 있고, 그 사이에 꿀을 빠는 데 사용하는 혀가 있어요.

최고의 턱은?
일벌의 턱입니다. 잘 발달한 턱으로 많은 일을 해야 하기 때문입니다.

꿀벌과 화분

화분은 꽃가루가 모여 덩어리를 이룬 것으로 뒷다리를 이용해 모으며, 꿀벌의 먹이로 쓰입니다. 화분 속에는 탄수화물을 포함한 단백질 비타민 등 각종 영양소가 들어 있답니다.

꽃들이 피어나는 봄날이면
꿀벌은 아주 바빴어요.
꿀주머니에 달콤한 꿀도 모아야 하고
뒷다리에 있는 꽃가루 바구니에
꽃가루도 가득 모아야 하거든요.

뒷다리에 붙어있는 화분

부지런한 벌

꽃꿀과 화분을 채집하고 있는 꿀벌

집에 돌아온 꿀벌은 가족에게
꽃이 있는 곳을 알려 주려고 춤을 추었어요.
꽃이 가까이 있을 때는 빙빙 돌면서 동그라미 춤을 추고,
꽃이 먼 곳에 있을 때는 8자 모양으로 실룩샐룩 궁둥이 춤을 추지요.

자세히 보면

궁둥이를 실룩거리며 춤으로 의사소통을 하는 벌을 볼 수 있어요. 벌은 놀랍게도 춤으로 먹이의 방향과 위치, 거리를 정확하게 알려줄 수 있답니다.

꿀벌이 사는 집을 한번 볼까요?
벌집은 육각형 모양의 방이 예쁘게 줄지어 있어요.
그리고 방이 무척 많지요.

안녕 나는 애벌레야 이곳은 우리 방이란다.

안녕

안녕

이 방은 꿀을 모아 두는 방,
저 방은 꽃가루를 모아 두는 방이에요.
번데기가 있는 방도 있고, 알이 있는 방도 있지요.

21일 만에 성체가 된 일벌

애벌레로 6일

자세히 보면

일벌은 여왕벌이 알을 낳은 지 3일이 지나면 애벌레가 되며 6일이 지나 번데기로 변태합니다. 그 후 12일이 지난 21일 만에 뚜껑을 뚫고 나와 일벌로 살아갑니다.

애벌레가 있는 방도 있어요.
그리고 언제라도 쓸 수 있는 빈방도 있고요.
여왕벌은 빈방이 생기면 그곳에다 알을 낳지요.

벌집에는 많은 가족이 살고 있어요.
일벌, 여왕벌, 그리고 수벌이 있어요.
여왕벌과 수벌이 짝짓기를 해서 낳은 알이 일벌이고,
일벌이 낳은 알이 수벌이에요.

나는 여왕벌

암컷이며 유일하게 번식력이 있어요. 10여마리의 수벌에 의해 수정된 알을 낳는 것이 여왕벌의 유일한 기능입니다. 수명은 3~4년으로 가장 길며 같은 벌집에 여왕벌이 태어나면, 새로운 여왕벌은 수벌을 데리고 분가를 한답니다.

나는 수벌

수컷이며 독침이 없어요. 몸은 일벌보다 크지만, 여왕벌보다 작아요. 꿀이나 꽃가루를 모으거나 집을 지키는 등의 일을 하지 않으며, 오직 여왕벌과의 번식을 위한 기능만 하며 수명은 3~4개월이나 교미가 끝나면 벌집 밖으로 내쫓겨 생을 마감해요.

나는 일벌

암컷이나 번식력이 없어요. 알에서 부화해 애벌레와 번데기 과정을 거쳐 21일 만에 성체가 되는 꿀벌은 3일간 로열젤리를 먹고, 이후 꿀과 꽃가루를 먹어요. 일이 많은 여름에는 45일, 겨울에는 6개월 정도 산답니다.

여왕벌은 한 벌집에 한 마리만 살아요.
짝짓기를 통해 평생 낳을 알을 얻어요.
하루에 1,000~1,500개의 알을 낳지요.

여왕벌은 말 그대로 여왕 대접을 받아요.
귀한 로열젤리만 먹고 살지요.

로열젤리

애벌레를 키우는 일벌의 타액분비물로 보통 일벌은 태어난 지 3일 정도만 먹어요. 이것을 계속 먹으면 여왕벌처럼 되기 때문이지요. 여왕벌은 유충을 계속 생산하기 위해 이 특별한 음식을 먹으며 살아가요. 로열젤리에는 단백질과 비타민 등 좋은 영양소가 많이 들어있어요.

수벌은 하는 일이 별로 없어요.
봄에 여왕벌과 결혼하는 것이 전부예요.
그러나 벌집에 없어서는 안 될 벌이지요.

일벌들이 열심히 일해요.
일벌은 벌집에서 아주 많은 일을 하지요.
일벌이 무슨 일을 하는지 알아볼까요?

꿀벌은 뱃속에서 나온 밀랍으로 집을 만들어요.
그리고 빈방을 깨끗이 청소도 하고요.
더운 날에는 날갯짓해서
집 안에 시원한 바람을 일으키기도 해요.

벌의 날개는 부채

부채벌은 벌집의 문 앞에서 끊임없이 날개로 바람을 일으키는데 이는 벌집을 유지하는 데 매우 중요한 일로 온도조절과 환기, 꿀을 잘 만들 수 있는 역할을 합니다.

나무위에 만든 벌집

그뿐 아니에요.
애벌레도 돌보고 여왕벌 시중도 들어요.
그리고 장수말벌이 쳐들어오거나 집이 위험에 처할 때
독침을 써서 무서운 적으로부터 집을 지켜요.

집을 지키는 일벌

태어나서 맡은 일을 다 하고 기운이 떨어진 일벌이 집을 지켜요. 적을 물리치기 위해 벌침을 쓰는 벌은 대개는 이런 늙은 벌이랍니다.

가장 중요한 일은
부지런히 꿀이나 꽃가루를 모으는 일이에요.
어때요?
꿀벌은 정말 부지런하지요?

혹시 꽃에 앉아 있는 꿀벌을 본다면,
막대기로 건드리거나 잡으려고 하지 마세요.
꿀벌이 한창 일하는 중이니까요.

궁금해 궁금해...

꿀벌은 어떤 곤충인가요?

꿀벌은 개미처럼 규율 적인 사회생활을 합니다. 한 마리의 여왕벌을 중심으로 약간의 수벌과 많은 일벌이 함께 모여 생활합니다. 여왕벌은 오직 알만 낳고 사는 벌로써, 수벌과 짝짓기를 해서 하루에 약 1,500개의 알을 낳습니다. 여왕벌의 수명은 3~4년으로 평생 약 30만 개의 알을 낳습니다. 일벌은 암컷이지만 알은 낳지 못합니다. 이른 아침부터 집 밖으로 나와 꽃가루와 꿀을 모으고, 집 안에서는 여왕벌을 보좌하며 집을 짓고 애벌레를 돌봅니다. 수벌은 여왕벌과 짝짓기를 하는 벌로, 짝짓기를 끝내고는 대부분 죽거나 쫓겨납니다.

벌의 천적은 어떤 것이 있나요?

꿀벌의 집에는 맛있는 꿀이 많이 저장되어 있기 때문에 다른 곤충에 비해 적이 많습니다. 거미, 잠자리, 광대파리매, 사마귀, 두꺼비, 왕 장수말벌, 꿀벌응애, 곰 등이 꿀벌의 천적입니다. 이들 중 특히 왕 장수말벌이 가장 무서운 적인데, 한 번에 꿀벌을 두 동강 낼 만큼 강한 턱을 가지고 있는 이들은 10~30마리가 한낮에 떼를 지어 습격해와 1~3시간 사이에 수천 마리의 꿀벌을 해치웁니다.

꿀벌의 생김새에 대해 알고 싶어요.

여왕벌은 몸길이가 17~20mm로 크지만, 얼굴은 작고 입도 작습니다. 일벌은 몸길이가 12~14mm이며 날카롭고 튼튼한 큰 위턱으로 집을 짓고 나무를 갉습니다. 날개가 튼튼하여 먼 곳까지 날아갈 수 있으며, 입은 꿀을 잘 모을 수 있도록 긴 대롱처럼 생겼습니다. 수벌은 몸길이가 약 17mm이며 결혼 비행 때 여왕벌을 놓치지 않도록 겹눈이 매우 크고 잘 발달했습니다. 하지만 스스로 먹이를 구하지 않아도 되므로 입은 매우 작습니다.

일벌은 무기인 독침에 대해 궁금해요.

일벌의 무기인 독침은 꽁무니에 있습니다. 평소에는 침을 뱃속에 넣고 있다가 적을 찌를 때에 배 끝에서 밀어냅니다. 독침 끝에는 미늘(거꾸로 난 갈고리)이 있어 한 번 찌르면 빠지지 않으며, 침에 연결된 독이 든 주머니와 내장의 일부가 함께 빠져나가 적의 몸에 그대로 남습니다. 그래서 적을 공격한 일벌은 얼마 후 죽고 맙니다.

호랑나비 애벌레는 산초나무 잎에 붙어서 살아요.
"아이, 심심해."
호랑나비 애벌레가 꼬물꼬물 밖으로 기어 나왔어요.
그리고 나뭇가지 위에서 친구를 기다렸어요.

곤충의 의태 이야기
곤충들의 위장술

글 안선모 그림 조민경

호랑나비 애벌레는 산초나무 잎에 붙어서 살아요.
"아이, 심심해."
호랑나비 애벌레가 꼬물꼬물 밖으로 기어 나왔어요.
그리고 나뭇가지 위에서 친구를 기다렸어요.

호랑나비 애벌레

호랑나비

 호랑나비

우리나라 어디서든 볼 수 있으며 종류도 다양해요. 산과 들, 도시의 공원 등에서도 자주 만날 수 있답니다. 유충의 크기는 40~50mm, 성충은 날개를 편 길이가 약 70~120mm 정도입니다.

자벌레

자나방 곤충의 유충이에요. 배에 있는 다리가 퇴화하여, 가슴에 3쌍, 배 끝에 1쌍만 있어요. 그래서 기어가는 모습이 마치 자로 재서 움직이는 듯하여 자벌레라 부릅니다. 우리나라에서는 250여 종이 서식하고 있어요.

"안녕? 나하고 놀자."
자벌레가 꿈틀꿈틀 기어 왔어요.
자벌레는 울퉁불퉁 못생겼지만, 마음이 착했어요.
친구들을 괴롭히지도 않았고요.

자벌레의 성충인 자나방

자세히 보면
가슴에 3쌍의 다리와 배에 있는 1쌍의 다리를 볼 수 있어요.

"나도 끼워 줄 거지?"
이번에는 잎벌레가 슬금슬금 다가왔어요.
잎벌레의 주홍 날개에는 까만 점이 콕콕 박혀 있어요.
"무당벌레랑 비슷하지만 내 이름은 버들잎벌레야."
잎벌레가 자기소개했어요.

잎벌레

우리나라 어디서든 볼 수 있답니다. 몸길이 5~8mm이며 봄부터 초겨울까지 볼 수 있어요. 콩이나 오이를 좋아하며 겨울에는 풀뿌리나 흙 속에서 겨울잠을 잡니다.

"나도 끼워 줄래?"
어디선가 나뭇잎나비가 팔락팔락 날아왔어요.
나뭇잎나비의 날개는 무척 아름다웠어요.
주홍색 줄무늬가 햇빛에 반짝였어요.

나뭇잎나비

날개 길이가 60~70mm 이며 위험에 처하면 날개를 접고 마른 잎처럼 보이게 만들며 죽은 척 하는 흉내(의태)를 잘 내기로 유명하답니다.

매미

여름을 대표하는 곤충으로, 매미는 산란해서 4~7년째 성충이 되어요. 이후 수컷이 높은 소리를 내며 울어요. 성충이 된 매미는 대개 20일에서 40여 일 정도 살아요.

"기다려! 나도 같이 놀자."
마지막으로 온 것은 털매미였어요.
털매미는 우락부락하게 생겼지만,
누구보다도 노래를 잘 불렀어요.
아무리 더운 여름날이라도 털매미의 노래를 들으면
기분이 좋아지지요.

"우리 사이좋게 놀자."
호랑나비 애벌레가 웃으며 말했어요.
"그래, 그래. 좋은 생각이야."
모두 손뼉을 치며 좋아했어요.

그때였어요.
찌륵 찌르르, 찌찌를 찌를.
아주 가까운 곳에서 새소리가 들려 왔어요.
"빨리 숨어야 해."
"꼭꼭 숨어라."
벌레들은 허둥지둥 숨을 곳을 찾았어요.

찌르레기가 두리번거리며 날아왔어요.
자벌레는 나뭇가지에 착 달라붙어 몸을 구부렸어요.
자벌레는 나뭇가지와 똑같았어요.
찌르레기는 자벌레가 나뭇가지인 줄 알았어요.
그래서 그냥 지나쳤어요.

찌르레기

우리나라 어디서나 흔히 볼 수 있는 여름새입니다. 몸길이는 22~25cm 정도이며 잡식성으로 쥐, 곤충, 콩, 밀, 보리 등을 먹고 살아요.

털매미는 얼른 나무줄기로 날아갔어요.
털매미는 나무줄기와 똑같았어요.
찌르레기는 털매미가 나무줄기인 줄 알았어요.
그래서 그냥 지나쳤어요.

나뭇잎나비는 땅으로 내려가 날개를 접었어요.
나뭇잎나비는 갈색 나뭇잎과 똑같았어요.
찌르레기는 나뭇잎나비가 나뭇잎인 줄 알았어요.
그래서 그냥 지나쳤어요.

그러나 잎벌레와 호랑나비 애벌레는 숨지 못했어요.
'저런, 큰일이 났네. 빨리 숨어야 할 텐데.'
'잘못했다가는 찌르레기에게 잡아먹힐 텐데…'
자벌레와 털매미는 조마조마했어요.

찌르레기가 잎벌레에게 천천히 다가왔어요.
찌르레기는 잎벌레가 무당벌레인 줄 알았어요.
"무당벌레는 너무 써서 싫어."
그래서 그냥 지나쳤어요.

나는 식물에 도움을 주는 익충

무당벌레

크기는 5~7mm 정도이며 몸은 둥근 모양입니다. 식물에 해를 입히는 진딧물을 잡아먹고 살아요.

찌르레기는 호랑나비 애벌레에게 슬금슬금 다가갔어요.
"쩍, 맛있겠는걸."
그때 호랑나비 애벌레가 노란 뿔을 쑥 내밀었어요.
"어이쿠, 이게 뭐야!"
놀란 찌르레기는 무서워서 멀리 날아갔어요.

냄새뿔

호랑나비 애벌레는 위험을 느끼면 냄새가 나는 뿔을 내밀어 상대를 위협한답니다.

"야, 호랑나비 애벌레가 찌르레기를 이겼다!"
"너는 작아도 큰 힘이 있구나."
자벌레, 잎벌레, 털매미, 나뭇잎나비가
호랑나비 애벌레를 칭찬했어요.
"흠, 이제부터 작다고 깔보면 안 돼."
호랑나비 애벌레는 어깨를 으쓱했어요.

궁금해 궁금해...

보호색에 대해 알고 싶어요.

배추흰나비의 애벌레, 호랑나비의 애벌레, 모래밭에 사는 메뚜기 등은 주위의 색깔이나 모양과 비슷하여 찾아내기 어렵습니다. 이처럼 동물이 사는 장소와 비슷한 색깔이나 모습을 띠는 것을 보호색이라 합니다. 또한 벌은 침을 가지고 독을 주사함으로써 다른 동물들이 덤벼들지 못하게 합니다. 또 노린재는 아주 고약한 냄새를 풍기므로 새들도 잡아먹지 못합니다.

모양을 바꾸거나 죽은척 하는 동물이 궁금해요.

자벌레나방의 애벌레와 가지나방의 애벌레같이 몸의 색깔뿐만 아니라 모양까지 주위 모습과 비슷한 모습을 가진 것을 의태라고 합니다. 대벌레라는 곤충도 녹색의 나뭇가지와 비슷하며, 가랑잎나방의 날개 뒷면은 다갈색으로 날개를 접고 있을 때는 마치 마른 잎처럼 보입니다. 바구미, 잎벌레, 무당벌레 등의 곤충은 천적이 나타나면 죽은 시늉을 하고 있다가 적이 방심하는 틈에 숨어버립니다. 움직이지 않으면 새의 눈에 잘 띄지 않으므로 안전하게 몸을 보호할 수 있습니다.

다갈색 붉은 기운보다 검은 기운이 더 많은 갈색.

경계색에 대해 알고 싶어요

독이나 불쾌한 냄새, 맛을 지닌 동물에서 볼 수 있는 선명한 색채를 말합니다. 이와 같은 색채는 자신이 위험한 동물이라는 것을 미리 적에게 알려서 경계시켜 잡아먹히는 것을 피하는 뜻이 있다고 하여 경계색이라고 합니다. 즉, 한 번 벌을 먹고 입안을 쏘인 경험을 가진 새는 이후에는 이것과 같은 색채의 벌레를 피하게 되는 것입니다.

색을 바꾸는 동물에 대해 알고 싶어요

청개구리, 넙치, 가자미, 오징어, 문어 등은 그들이 있는 장소에 따라 주위의 색에 맞게 몸의 색을 바꿀 수 있습니다. 특히 카멜레온이 유명한데, 이 동물은 피부에 있는 색소 세포를 신축시켜 몸의 색을 진하게 또는 엷게 만들 수 있습니다.

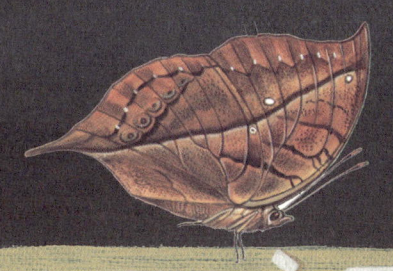

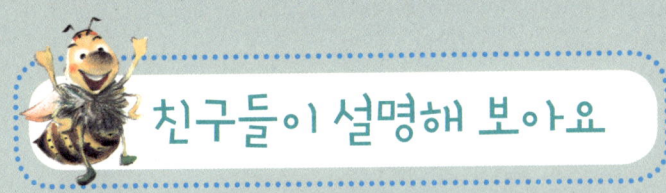
친구들이 설명해 보아요

 다음 그림의 꿀벌들이 하는 일을 설명해보아요.

수벌　　여왕벌　　일벌

 같은 듯 다른 나비와 나방의 차이를 알아보아요.

나비는 낮에 활동해요.	주 활동	나방은 밤에 활동해요.
나비는 날개를 접고 앉아요.	앉을 때	나방은 날개를 펴고 앉아요.
나비는 가늘고 끝이 둥글어요.	더듬이	나방은 굵고 털이 났어요.